SOUVENIRS
D'UN
SOLDAT JOURNALISTE

A PARIS

PARIS

IMPRIMERIE BALITOUT, QUESTROY ET Ce
7, rue Baillif, et 18, rue de Valois.

SOUVENIRS

D'UN

SOLDAT JOURNALISTE

A PARIS

Par **JOSEPH TAŃSKI**

PARIS

E. DENTU, LIBRAIRE-ÉDITEUR
PALAIS-ROYAL, 17 ET 19, GALERIE D'ORLÉANS

—

1869

SOUVENIRS

D'UN

SOLDAT JOURNALISTE

A PARIS

I

Dans l'année qui précéda les journées de juillet, arriva à Paris un étranger, tout jeune homme ; il n'avait pas encore dix-sept ans accomplis. Grand, beau, d'une physionomie douce et ouverte, riche, disait-on, il fut accueilli avec distinction, choyé et recherché par la société la plus élégante et la plus aristocratique de Paris. Cependant ce n'était ni un touriste célèbre, ni un émigré politique, mais il fuyait sa patrie. Si on l'avait jugé d'après les craintes qu'il inspirait à son gouvernement, on l'aurait pris pour un dangereux criminel. En effet, aussitôt son arrivée à Paris, l'ambassadeur de Russie, le comte Pozzo di Borgo, avait demandé instamment son extradition. La Restauration, fidèle aux traditions séculaires de la diplomatie française qui défendit énergiquement, même en présence de l'armée d'occupation moscovite, les droits imprescriptibles de la Pologne, résista à la demande de l'empereur Nicolas. Le comte Pozzo di Borgo eut la mortification d'apprendre à son maître que le roi et l'opinion publique en France ne consentiraient jamais à laisser violer les lois de l'hospitalité. Ce grand coupable qui mettait en émoi le gouvernement du Czar, c'était le jeune comte Colonna Walewski. Des légendes historiques prêtaient à sa naissance une origine mystérieuse, ce qui le couronnait d'une certaine auréole, et lui attirait de nobles et vives sympathies. Ce jeune comte montra en cette occasion un tact exquis; il avait toujours l'air d'ignorer ce qu'on disait tout bas autour de lui, et jamais le mauvais goût de s'en prévaloir.

Après avoir fait ses études à Genève, il était revenu à Varsovie, où il eut à la fois la périlleuse faveur et le malheur insigne de plaire au frère aîné de l'Empereur, le grand-duc Constantin, qui voulait en faire son aide de camp et peut-être son favori. Pour une âme polonaise, il ne pouvait s'offrir un danger plus redoutable, et le comte Walewski avait pris immédiatement la résolution de venir chercher asile en France. Mais l'entreprise ne laissait pas que d'être difficile à exécuter, car il était l'objet de la part du grand-duc d'attentions bienveillantes, moins aisées à fuir qu'une franche persécution. Il usa d'un stratagème qui lui réussit. Il s'enfuit de Varsovie, non pour se rendre en France mais en Russie, et se rendit directement à Péters' bourg. Cette métropole de l'empire de Russie a été de tout temps et est encore une vaste mare de corruption, où tout se vend, tout s'achète, la justice, les emplois, les honneurs, jusqu'à la liberté. A prix d'argent, il obtint un passeport et une feuille de route qui lui permirent de gagner Paris.

La Restauration à cette époque était fortement ébranlée. On lui faisait chèrement payer les fautes de l'Empire, auxquelles elle ajoutait les siennes. Une grande agitation régnait, surtout dans les classes éclairées de la société. Les salons les plus élégants etaient le foyer de l'opposition libérale. L'un de ces salons, celui de la comtesse Flahaut, voyait se presser, autour de quelques grands noms de l'Empire, les hommes nouveaux et les écrivains les plus distingués de l'époque. Le comte Walewski fut tout étonné d'y rencontrer un jeune homme de trente ans environ, sans fortune, sans position sociale, sans fonction dans l'Etat, et qui cependant était le personnage le plus important, l'oracle le plus écouté de ce salon. Aussitôt qu'il entrait, le silence se faisait; on formait cercle autour de lui, et charmé de sa conversation, les hommes comme les femmes lui prodiguaient les plus gracieuses paroles, les plus doux sourires. Ce personnage si choyé, si recherché, était M. Tiers, qui d'après les idées que le comte Walewski apportait de son pays, aurait pu, tout au plus, arriver à la quatorzième ou à la douzième classe, dans la hiérarchie des fonctionnaires russes, sans qu'il lui fût jamais permis de prétendre à monter la garde à Peterhof ou au Kremlin. Le comte Walewski se trouva bientôt, comme tout le monde, sous le charme de ce causeur infatigable et séduisant; il fut heureux de faire sa connaissance. La sympathie qu'ils ressentirent l'un pour l'autre les unit peu à peu, et fit naître entre eux une sincère amitié, qui survécut à tous les changements et à toutes les vicissitudes politiques.

L'insurrection de Pologne suivit de près, on s'en souvient, celle de France; le comte Walewski voulut répondre à l'appel de sa patrie. Il s'arracha

sans peine aux plaisirs et aux séductions de Paris. Mais il fallait traverser les Etats de Prusse, que les traités de 1815 tenaient encore sous la main de la Russie. Or, les frontières de Pologne étaient bien gardées. Les Français qui volaient au secours de la Pologne étaient pour la plupart arrêtés et reconduits en France, mais les Polonais étaient le plus souvent livrés à leurs ennemis, qui, sans aucune forme de procès, les expédiaient en Sibérie, ou les forçaient d'entrer dans les rangs de l'armée, pour combattre leurs compatriotes. Le comte Walewski fut de nouveau obligé de recourir à la ruse. Il emprunta le nom d'un acteur en vogue au théâtre du Palais-Royal, et, ayant obtenu un engagement simulé pour le théâtre de Moscou, il partit pour la Pologne. Cette ruse faillit lui être funeste; mis en suspicion, dans une bourgade prussienne, il fut arrêté, et n'eut d'autre moyen de recouvrer sa liberté, que de jouer la comédie devant le bourgmestre et ses administrés. Heureusement, ils se contentèrent d'une farce que le comte Walewski et un de ses compagnons de voyage improvisèrent, et qui obtint naturellement le plus grand succès. L'anecdote a depuis été mise à la scène.

Le comte Walewski eut le bonheur d'arriver la veille de la glorieuse bataille de Grochow. D'une armée de trente mille hommes, un tiers resta sur le terrain, en défendant aux troupes moscovites l'entrée et le pillage de Varsovie. Chargé d'une mission diplomatique par le gouvernement provisoire auprès du cabinet britannique, le comte Walewski ne séjourna pas longtemps au quartier géral de l'armée; cependant, il y fit connaissance d'un jeune compatriote, qui avait été à seize ans officier dans la vieille garde de Russie, et, deux ans après, volontaire dans l'héroïque régiment qui expulsa les Russes de Varsovie. Il le trouvait alors capitaine à l'état-major dans l'armée polonaise. Leur destinée voulut qu'ils se rencontrassent plus tard à Paris, et qu'ils fussent tous les deux nommés par le roi Louis-Philippe capitaine dans la légion étrangère, au service de la France. Ils s'y lièrent d'une france et sincère amitié, qui ne se démentit jamais, malgré la différence de leurs positions.

En effet, pendant que l'un montait rapidement l'échelle des grandeurs humaines et arrivait aux plus hautes situations en France, devenue leur seconde partie, l'autre, qu'on appelait le capitaine Victor, de son nom de baptême, descendait lentement d'échelon en échelon, dans les couches moyennes de la société où il se voyait aux prises avec toutes les difficultés et toutes les nécessités d'une existence malheureuse. Échappé par miracle des mains de l'ennemi, il était venu à Paris en 1831 et avait été admis comme élève à l'Ecole d'état-major. Deux années d'études assidues lui avaient permis de se perfectionner dans le métier des armes et un travail militaire (1) qu'il publia en français lui valut le grade de capitaine dans l'armée française en Algérie. C'était le pied dans l'étrier. Un moment, il crut entrevoir, sur le ciel brûlant d'Afrique, l'heureuse étoile de son enfance. Hélas! ce n'était qu'un mirage. La légion étrangère dont il faisait partie fut cédée à l'Espagne pour la défense du trône chancelant de l'innocente Isabelle, comme on le disait alors à ses chevaleresques défenseurs. Quand cette vaillante légion eut accompli sa tâche avec courage, et non sans gloire; quand elle n'eut plus de soldats dans ses rangs décimés, ni argent dans ses caisses, elle fut poliment remerciée de ses services et impitoyablement licenciée. Le capitaine Victor avait guerroyé pendant plus de deux ans pour se retrouver un beau jour sans sou ni maille à Paris, sous les toits d'une des vieilles maisons du quartier Saint-Jacques, refuge ordinaire des étudiants orphelins,

(1) *Tableau statistique, politique et moral du système militaire de a Russie.*

des étrangers sans patrie. Résigné à son sort il se revit installé dans une de ces petites chambrettes qu'on n'atteint qu'à l'aide d'une échelle et où se cachent souvent les plus nobles misères; près du ciel, qui paraît les oublier, loin des hommes, qui se gardent de penser à eux. Enfermé chez lui des jours entiers, le capitaine eut tout le loisir de se livrer à ses méditations. Sa vie n'avait été jusqu'à ce jour qu'une sorte de kaléidoscope. Chaque changement, chaque tour de roue de la fortune ne lui avait offert que des images trompeuses, rien de réel, rien d'assuré. C'était pour la quatrième fois depuis près de dix ans qu'il se trouvait à Paris à la merci des événements. Tantôt replié sur lui-même, descendant au fond de sa conscience, il faisait un examen sévère de tous les incidents de sa vie pour se demander si c'était un manque d'énergie, le défaut de caractère ou d'esprit de conduite, qui le faisait ainsi le jouet d'une fatale destinée. Tantôt il passait la revue générale de ses facultés et de ses aptitudes pour voir s'il n'y découvrirait pas de nouveaux éléments à son activité, et faisait mille projets plus insensés les uns que les autres pour relever son courage abattu. Fort ambitieux et un peu rodomont qu'il fût, aimant à faire parade devant ses camarades de son savoir et de son esprit, face à face devant lui-même, il fut obligé de s'avouer que, dans un pays civilisé et au milieu d'une société positive et un peu égoïste, le sens pratique de la vie lui manquait. Son éducation négligée avait été poussée vers les exercices de corps et les sciences militaires, qui lui apprirent sans grande peine à bien commander aux soldats muets et à obéir sans raisonner aux chefs que la discipline, et plus encore leur amour-propre, déclarent infaillibles; mais son intelligence n'avait pas reçu la direction qui rend l'homme capable partout de s'ouvrir une voie et de se suffire à lui-même. Elevé dans un pays où le commerce et l'industrie sont laissés en partage aux classes infimes de la société, il aurait cru déroger à sa qualité de gentilhomme en se livrant à des occupations qui peuvent procurer la richesse, mais ne donnent ni honneurs ni gloire.

L'examen de sa conscience terminé, le capitaine fut forcé de reconnaître qu'il n'était réellement bon qu'à marcher au son du tambour. Aussi, pour se distraire, il ne faisait que tambouriner avec ses doigts sur les vitres fêlées de l'unique fenêtre de sa chambre, la marche patriotique de Dombrowski : *La Pologne n'est pas encore perdue, tant que nous vivons.*

Quelquefois, on pouvait le voir graver mystérieusement avec le bout de son canif sur les lambris vermoulus de sa croisée ou écrire à la craie en silence sur les parois noircies du logis, une lettre, une seule, toujours la même, la lettre H. Dans un seul endroit caché par les rideaux fanés de la fenêtre, on aurait pu déchiffrer un nom tout entier, celui d'Henriette, qu'il eut soin de rayer et d'effacer, tant il craignait de le profaner.

Souvent, le capitaine Victor en lisant dans les bulletins militaires dont l'écho venait jusqu'à lui, les noms de ses anciens frères d'armes d'Afrique, Saint-Arnaud, Duvivier, Lamoricière, Bedeau, Maurice, d'Allonville, avec lesquels il avait assisté à la prise de Bougie, à l'expédition désastreuse de Mascara, etc., etc., il leur adressait du plus profond de son cœur, sans envie sinon sans regret, ses félicitations. Parfois, reportant sa pensée plus loin vers ses premiers camarades de la vieille garde de Russie, dont plusieurs étaient déjà gouverneurs de provinces plus vastes que la France, il se demandait si dans les honneurs et dans les hauts grades ils avaient conservé les aspirations généreuses et libérales de la jeunesse.

Dans les premières années de son exil, lorsque son imagination le berçait encore d'illusions, toutes les fois qu'il se ressouvenait de ceux de ses anciens camarades, amis ou parents, condamnés au travail dans les mines de Sibérie, son cœur se serrait, son esprit s'assombrissait, et il cherchait à chasser de son esprit ses poignantes pensées. Mais après tant de déceptions, seul dans sa triste chambre, il se plaisait à faire miroiter devant ses yeux cet affreux tableau des souffrances humaines. Il se voyait, sans frémir, lui-même enchaîné à côté de ses compatriotes, la pioche à la main, frappant les rochers pour en faire jaillir l'or et l'argent nécessaires à l'ambition des Czars et à la convoitise de leurs hordes sauvages. Souvent, dans l'excès de sa douleur, il se demandait s'il ne valait pas mieux être enseveli vivant, avec ses compagnons d'infortune, que de se voir, soir et matin talonné par le besoin, privé de toute consolation et de ce regard de pitié si doux, quand il vient de ceux qui partagent vos souffrances. Parfois, il s'éveillait en sursaut, décidé à se mettre en route vers la Pologne, vers la Sibérie, à aller prendre volontairement la chaîne du condamné, comme ces forçats échappés des bagnes, qui, après avoir erré quelque temps dans la Camargue, en proie à la faim et à la soif, reviennent eux-mêmes s'attacher au boulet, qui ne les quittera plus.

Mais, pour accomplir une telle résolution, il eût fallu affronter le dédain du vainqueur, revoir une famille en pleurs, la patrie humiliée couverte de sang et de ruines; le capitaine n'eut pas ce courage. Il lui restait une dernière ressource : c'était d'aller dans les pays barbares, chez les peuples fanatiques, pour combattre les Russes chez lesquels le sentiment de tolérance ne se révèle que lorsqu'il s'agit de dépouiller tantôt un chrétien, tantôt un musulman et souvent tous les deux à la fois.

Dans cette pensée, il s'acheminait vers le ministère de la guerre pour y réclamer ses états de service, lorsque tout d'un coup une voiture qui se croisait avec lui s'arrêta : un homme jeune et élégant en descend, court après lui, le saisit par le bras, l'entraîne, le fait monter dans le carrosse en criant au cocher : « A l'hôtel! » — « Je vous tiens enfin, continua-t-il; vous ne m'échapperez plus. Comment! je vous fais chercher en Afrique, en Espagne, dans toutes les parties du monde, et vous êtes à quelques pas de moi, sans me donner signe de vie? » Le ravisseur n'était autre que M. Walewski. Il installa son ancien compagnon d'armes dans un appartement confortable de son hôtel, rue *de la Charte,* aujourd'hui *de Morny,* auparavant *d'Angoulême :* trois noms qui rappellent si bien au peuple parisien les trois époques de son histoire contemporaine. Le capitaine, n'ayant plus à s'occuper des choses vulgaires de la vie, reprit sa bonne humeur ; cependant, il aurait bien voulu savoir pourquoi son ancien camarade s'était permis de porter une si grave atteinte à sa liberté. L'ami alla au-devant de la question : « Nous avons combattu ensemble la Russie, lui dit-il ; ensemble nous avons servi la France, les deux plus grands Etats de ce temps-ci ; que peut gagner l'humanité à leurs luttes ou à leurs alliances ? Le monde est changé ; une nouvelle puissance, plus grande qu'aucune de celles qui aient encore dirigé les destinées humaines, a surgi de nos révolutions. Cette puissance, c'est l'opinion publique. Elle n'a point d'armée régulière, mais elle a partout des soldats et des auxiliaires ; il faut seulement les éclairer, les conduire. Nous allons en être tous deux capitaines recruteurs et instructeurs. Dans quelques jours, vous saurez mon projet ; s'il ne vous convient pas, je vous reconduirai aux portes du ministère de la guerre, où nous frapperons alors à deux battants ; car, bien que je vienne de donner ma démission d'officier dans l'armée française, j'y ai conservé de puissants amis qui vous protégeront. »

Le capitaine Victor s'en remit volontiers à la bonne étoile de son ami pour le guider. Il trouvait doux de ne penser à rien, de ne s'inquiéter de rien. Il lui semblait même que la vie d'oisif et de sybarite pourrait bien avoir certains attraits, dans une cité aussi civilisée que Paris. Il s'en effraya. Heureusement la Providence veillait sur lui et ne lui laissa pas longtemps cette tentation contre laquelle sa faible nature ne se révoltait pas assez.

Un jour, le comte Walewski, c'était le nom de son ami, arriva tout joyeux et, d'un air délibéré, lui dit : « Me voilà chef d'une cohorte, d'un corps de partisans; je vous nomme mon lieutenant. Cette cohorte est un journal quotidien rétrograde, qui fut l'organe du ministère Molé. J'ai conquis le journal pour lui faire exécuter ce que nous appelons au régiment une conversion et pour le transformer en agent actif de progrès et de civilisation. Ce journal porte le titre de *Messager des Chambres*. Il faut qu'avant tout il réponde dignement à sa mission et devienne journal *semi-officiel* de la Chambre des Députés, aujourd'hui omnipotente. Vous allez immédiatement monter dans ma voiture, qui vous attend en bas, et vous transporter au quartier général du journal, rue *Coq-Héron*.

Vous vous y établirez à poste fixe, et vous serez mon *alter ego.* »

Cela dit, le capitaine Victor, très-expansif dans sa joie, prit son ami dans ses bras et le serra à la polonaise avec effusion. Une heure après, il était installé au bureau du journal.

Peu de temps après, le comte Walewski le présenta à tous ses amis politiques, à tous les membres de la Chambre des Députés de sa connaissance, et le chargea spécialement de suivre les travaux parlementaires, lui recommandant la plus grande impartialité. Il devait accepter les communications, les renseignements, les avis, sans distinction d'opinion, de tous les mandataires de la nation qui voudraient se servir de la publicité du journal. Cette mission n'était pas difficile à remplir, car, avec de l'honnêteté, de l'activité et de l'exactitude, Victor était sûr de gagner la confiance des quatre cent quarante-neuf souverains du palais Bourbon, si désireux, autrefois comme aujourd'hui, de remplir de leurs noms les cent mille bouches de la renommée. Comme on le voit souvent dans les assemblées, le plus grand nombre, faute d'habitude ou d'audace, et bien que mieux nantis, souvent, d'idées et de savoir, ne pouvaient ou n'osaient aborder la tribune. Il y avait, d'ailleurs, à cette époque, un échange constant d'idées et de sentiments entre les mandataires et les commettants. Les uns et les autres se formaient ainsi aux mœurs parlementaires. Les électeurs constituaient un corps privilégié et restreint ; ils suivaient avec un intérêt bien légitime les faits et gestes de leurs mandataires, dont quelques-uns étaient assez enclins à se servir de leur *liberum voto*, non comme les nobles polonais, sous leurs rois électifs, pour se faire donner des *palatinats* ou des *starosties* à administrer, mais pour devenir receveurs des finances, inspecteurs des prisons ou tout autre membre de la hiérarchie administrative. Parfois les simples bureaux de poste ou de tabac suffisaient pour assouvir leur modeste ambition. Nous avons bien changé tout cela. On ne sort plus guère du Corps législatif que pour devenir sénateur, conseiller d'État, receveur général ! ou tout au moins directeur dans la Banque de France. Le capitaine Victor triomphait, il était au comble du bonheur, lorsque le jour de la discussion de l'Adresse ou d'une question de cabinet dans les bureaux, il pouvait envoyer au *Messager* les opinions de MM. Berryer, Garnier-Pagès, Ledru-Rollin à côté de celles de MM. Guizot, Thiers, de Lamartine. Ce jour-là, on le voyait se multiplier, écrire, prendre des notes, causer avec quarante, cinquante députés, amis, adversaires du journal, et marquer à tous une égale attention, une égale déférence.

Cependant cette révolution dans les habitudes parlementaires déplaisait à quelques membres rigoristes, qui auraient voulu que rien de transpirât dans le pays en dehors des débats en séance publique. Elle portait même ombrage au ministère, qui ne croyait pas devoir donner cet appât de plus à la curiosité du public et à l'amour-propre des députés. Un rappel au règlement, une proposition d'un membre influent de la majorité dévoué au ministère, pouvaient faire ôter au *Messager* ce moyen le plus important d'action morale et d'influence. Mais un secours inattendu lui vint de la part d'un de ses confrères, celui justement avec lequel il avait maille à partir presque tous les jours. C'était le *Journal des Débats*, qui, sans prendre parti ni pour, ni contre cette innovation, sans entrer dans les susceptibilités des membres de la majorité, sans s'occuper des préventions du ministère, trancha la question, uniquement en reproduisant dans son journal, d'après le *Messager*, ces travaux préliminaires de la Chambre. L'autorité de ce journal dans toutes les questions d'ordre politique était si grande, que dès le lendemain les ministres d'une part, les chefs de parti d'un autre côté, se trouvèrent soudainement éclairés sur la question, et devinrent convaincus que cette extension donnée à la publicité des travaux de la Chambre avait une réelle utilité. Elle mettait à portée du ministère, comme de l'opposition, des éléments précieux et d'excellents avertissements sur la conduite politique des partis, en même temps qu'elle donnait une grande satisfaction à la curiosité publique.

Mais, tout en accomplissant avec conscience sa mission à la Chambre des Députés, le capitaine Victor avait toujours devant ses yeux l'image de la patrie. On connaissait peu, en France, le rôle qu'avait joué la Pologne parmi les peuples de même souche, rôle analogue à celui qu'a rempli la France à l'égard des nations d'origine latine. Il conçut l'idée, qu'il poursuivit avec persévérance, de continuer ce rôle par l'organe du journal, et de faire, à l'aide du *Messager,* une propagande active dans toutes ces contrées baignées par le Danube, la Vistule, le Niémen. Il fit répandre, par tous les moyens possibles, et par la contrebande même, le *Messager* dans les pays slaves (1). Le gouverne-

---

(1) On dit que c'est le capitaine Victor qui est l'auteur d'un

ment se faisait, en quelque sorte, complice de cette propagande. Il venait de proposer aux Chambres la création d'une chaire de littérature slave, qu'il confia à l'un des plus grands poètes de ce siècle, à Adam Mickiewicz. Le roi Louis-Philippe n'a pas fait la guerre à la Russie, mais il n'a jamais non plus fait obstacle aux sentiments de la nation envers la Pologne; il a laissé son gouvernement et les Chambres protester toujours en faveur de ses droits, et contribué puissamment par là à en entretenir le culte en Europe. Il est juste de dire aussi qu'à aucune époque de l'histoire de France, la civilisation et les idées françaises n'ont fait plus de progrès dans le monde. La propagande ne s'imposait pas comme un torrent qui renverse tout sur son passage; elle s'avançait lentement, pas à pas, agissant sur toutes les classes éclairées, laissant celles-ci successivement, graduellement inoculer dans les populations les lois et les institutions le plus en harmonie avec leur état de société et de civilisation. Ainsi, les puissances secondaires d'Allemagne et d'Italie, l'Espagne, la Prusse

---

livre intitulé : *Voyage autour de la Chambre des Députés par un Slave.* La première édition de ce livre portait la dédicace : *Au Czar de toutes les Russies, roi constitutionnel de Pologne.*

même, avaient déjà admis les principes constitutionnels. Les peuples plus éloignés s'agitaient, témoignaient de velléités libérales, et commençaient à comprendre qu'elles peuvent seulement, par la liberté et la civilisation, arriver à l'indédance et à l'unité. La Russie n'était pas restée étrangère à ce mouvement des esprits et de la conscience humaine; on l'aurait vue, si la révolution de 1848 n'était venue interrompre cette expansion, entrer finalement dans le courant général et y renouveler ses destinées. L'empereur Nicolas, qui n'avait pas les idées du temps et se souciait peu de régner sur des peuples libres s'alarmait de ce réveil des populations slaves; il sentait s'en augmenter sa haine et son dédain envers Louis-Philippe, qu'il considérait, non sans raison, comme l'une des causes de l'extension des idées libérales et des institutions constitutionnelles au nord et au sud de l'Europe.

La publicité du *Messager* s'était singulièrement accrue; son influence avait grandi; il était devenu un organe considéré de la Chambre des Députés et un agent actif des idées progressives. M. Thiers, alors homme de la situation, comme on disait à cette époque, ancien ministre et chef de l'opposition libérale, avait besoin d'auxiliaires dans la presse pour faire prévaloir cette maxime d'Etat : *Le roi règne et ne gouverne pas,* dont il fit le programme de sa conduite politique. Le comte Walewski, lié avec lui d'ancienne date, se rallia à ses idées et adopta sa politique. Aussi, lorsque, après plusieurs assauts donnés au ministère Soult-Dufaure, M. Thiers ressaisit le pouvoir, il appela le comte Walewski à servir plus directement la France. Prévoyant, dès 1840, que la guerre d'Orient pourrait devenir une guerre générale, le nouveau chef du cabinet envoya l'ancien directeur du *Messager* en mission confidentielle auprès du viceroi d'Egypte. Obligé de quitter immédiatement Paris, le comte Walewski remit son journal à M. Thiers, qui en fit un journal semi-officel du gouvernement. Aucun homme politique, aucun capitaliste ne tenta de maintenir le *Messager*, à ses risques et périls, dans les voies de propagande libérale qu'il avait jusque-là parcourues, et le capitaine Victor se trouva de nouveau à la merci des événements.

Il avait pourtant pris goût à cette vie politique active et remuante où il espérait encore rendre quelques services à la cause de son pays. Ce ne fut pas sans une vive satisfaction qu'il reçut d'un de ses confrères de la presse des ouvertures pour continuer, dans le *Journal des Débats,* ces comptes rendus des travaux préliminaires du palais Bourbon comme il les faisait dans le *Messager des Chambres.* Cette proposition fit naître cependant quelques scrupules dans son esprit. A son arrivée en France, il avait trouvé l'opinion montée contre le Roi, qu'on accusait d'avoir tenu en face de l'étranger une conduite pusillanime. Louis-Philippe avait-il fait tout ce qu'on était en droit d'attendre d'un souverain libéral et français pour maintenir des droits qu'on proclamait platoniquement imprescriptibles? Victor hésitait à aller prêter son concours à l'organe le plus accrédité de la politique personnelle du Roi. Ce fut le comte Walewski qui l'encouragea, dans l'intérêt même de leurs idées communes, à accepter l'offre qui lui fut faite. « Le *Journal des Débats,* lui disait-il, est le journal le plus connu et le plus respecté à l'étranger; il fut toujours ami de la vraie liberté et défenseur désintéressé de toutes les nations opprimées. » En effet, à cette époque, où les sympathies pour la Pologne commençaient à être moins vives, le *Journal des Débats* ne laissait échapper aucune occasion d'appeler les sympathies sur les Polonais. L'un des écrivains les plus distingués de sa rédaction. M. Saint-Marc Girardin, venait de publier des articles qui avaient eu un grand retentissement dans toute l'Europe.

A la suite de ces articles, le *Journal des Débats* s'était vu interdire les pays soumis à la domination du Czar, ce qui l'avait fait d'autant plus rechercher. Victor n'hésita plus et apporta au *Journal des Débats,* avec son faible concours, son entier dévouement. Le trajet entre la rue *Coq-Héron,* où était le siége du *Messager,* et la rue des *Prêtres-Saint-Germain-l'Auxerrois,* résidence des *Débats,* n'est pas long; mais, dans le parcours, les inquiétudes du capitaine Victor n'avaient pas laissé d'être grandes. Changer encore de situation, d'existence, trouver un accueil glacial, des visages froids, des hommes défiants peut-être, c'était, pour cet esprit exalté, pour ce cœur ulcéré, l'épreuve la plus douloureuse à laquelle il se fût jusqu'alors exposé. Tout lui revenait en mémoire : sa jeunesse en Pologne, ses misères en Afrique et en Espagne, son isolement dans sa chambre du quartier Saint-Jacques, enfin cette heureuse rencontre d'un ami, qui désormais allait redevenir étranger à sa vie et à ses occupations. Il se trouvait, en outre, honteux et humilié, à ses propres yeux, de n'avoir pas pu conquérir une position digne de lui, chez un peuple aussi hospitalier que le peuple français.

Inquiet du présent, incertain de l'avenir, le capitaine Victor s'avançait triste et rêveur, au milieu des rues sales et étroites de ce quartier, alors le plus peuplé et le plus négligé de Paris. Les passants, qu'il interrogeait pour reconnaître son chemin, ignoraient la rue des Prêtres-Saint-Germain. Deux fois, il parcourut dans toute sa longueur cette petite rue qui côtoyait l'église et aboutit à une impasse, sans trouver l'office des *Débats*. Aucune enseigne en grandes lettres d'or, comme dans les jeunes journaux, aucun suisse armé de hallebarde, comme dans les hôtels de la nouvelle noblesse, aucun concierge galonné, comme chez les banquiers et les modistes enrichies, ne s'offrait à sa vue pour lui indiquer l'établissement de ce Jupiter de la presse française. C'est en écarquillant bien ses yeux qu'il put enfin apercevoir, à la faible lueur d'un quinquet, le n° 17, le seul signe extérieur du journal. Il franchit le seuil en trébuchant et en glissant sur la première marche de cette maison où il trouva, par la suite, des impressions plus profondes, des émotions plus vives, que lorsque, pour la première fois, il pénétra au Louvre, ce représentant muet de l'antique monarchie française, où lorsque, nommé officier aux gardes, il put faire résonner son sabre sur les dalles de marbre du vieux château des anciens Rois de Pologne.

II

La maison où pénétra le capitaine Victor était vieille et d'un sombre aspect. Cependant il fut frappé de la différence qu'il remarqua entre l'installation du *Messager* dans un local, sans ordre ni ensemble, ayant servi autrefois à quelque magasin de modes ou de soieries, et l'établissement demiséculaire des *Débats,* où tout était parfaitement ordonné et uniquement disposé pour la plus grande facilité de tous les exercices si multipliés d'un journal quotidien.

Le journal était chez lui; tout le logis était consacré à son seul usage. Du haut en bas, dans la cour, devant et derrière la maison, il régnait une activité, une animation, un tumulte incessants. Un seul escalier en bois, vieux et usé, mais bien éclairé, conduisait aux trois étages, où se trouvaient établies les différentes branches de l'exploitation du journal. Au rez-de-chaussée une machine à vapeur, nouvellement introduite, fonctionnait nuit et jour avec un fracas étourdissant. Au premier étage, le bureau de l'administration recevait les abonnements et les annonces qui n'étaient pas encore livrées à la spéculation des sociétés industrielles. Au troisième étage, l'imprimerie, les correcteurs et les réviseurs du journal occupaient les salles vastes et bien aérées. Enfin, le foyer, le sanctuaire, en un mot la rédaction du journal, se trouvait au second étage, au centre de l'établissement, vers lequel convergent tout le travail matériel et toutes les relations intérieures.

C'est là, entre quatre et sept heures du soir, qu'arrivaient, dans un va-et-vient continuel, les rédacteurs, les écrivains, les savants appartenant à la rédaction de ce journal, qui comptait parmi ses amis, clients et collaborateurs, les hommes les plus éminents et les plus illustres de la France.

Au fur et à mesure que Victor pénétrait dans l'intérieur de la maison, il se voyait heurté, coudoyé, suivi, dépassé par un grand nombre de personnages de diverses conditions qui, tout affairés, portant des livres, des journaux, des lettres, se répandaient aux divers étages de la maison. Il parvint enfin à la porte de la salle de rédaction sans rencontrer aucun huissier, aucun garçon de bureau, aucun employé qui vînt s'informer de la raison de sa présence. Sans être annoncé, il pénétra dans la salle de rédaction et se trouva tout d'un coup au milieu d'un groupe d'hommes, les uns assis, les autres debout, tous causant, discucutant avec vivacité et animation. Ils formaient un demi-cercle devant un vieux bureau labouré dans tous les sens par des coups de canif et de ciseaux. Le rédacteur en chef, que le capitaine Victor connaissait déjà, et que tout le monde appelait familièrement de son nom de baptême, M. Armand, se tenait assis derrière le bureau, sur un fauteuil usé qui datait de la création du journal. Aussitôt que ce dernier aperçut le nouveau venu, sans interrompre la discussion, il prit un billet qui se trouvait devant lui et le lui remit. C'était le billet d'entrée à la Chambre des Députés, où le capitaine Victor était chargé, comme au *Messager*, des travaux préliminaires de la Chambre. De peur d'être indiscret, Victor voulait se retirer, mais il fut arrêté au passage par un des rédacteurs du journal, qui lui dit : « Eh bien ! pourquoi vous en allez-vous ? Vous êtes de la famille et vous ne trouverez nulle part de réunions et de discussions plus intéressantes et plus instructives que celles auxquelles vous pouvez tous les jours assister ici. Imitez-moi et lorsque vos travaux seront terminés, écoutez attentivement ces débats improvisés, où la vérité jaillit à tous propos. Vous apprendrez mieux ici à connaître les hommes importants du pays et les questions du moment, que dans les discussions des Chambres, où les orateurs parlent souvent plus dans l'intérêt de leur popularité que pour le bien général du pays. » Ce malin interlocuteur était un vieux militaire, capitaine au temps de l'Empire, qui avait servi en Espagne avec le général Bugeaud. Il était depuis plusieurs années attaché à la rédaction du *Journal des Débats* et faisait le service de sentinelle avancée, à son poste jour et nuit. Il demeurait dans la maison même et avait la responsabilité de faire face à tous les incidents qui pouvaient survenir lorsque le journal était déjà sous presse. Trois ou quatre générations d'écrivains l'ont bien connu ; il se nommait M. de Saint-Ange et était chargé des questions militaires, qu'il traitait du reste avec une profonde connaissance du métier et un véritable talent.

Dès ce moment, le capitaine Victor ne manqua

plus d'assister à ces luttes, à ces escarmouches quotidiennes, qui se livraient autour du bureau du rédacteur en chef. Le capitaine de Saint-Ange lui servait de cicerone complaisant et lui faisait remarquer avec quel tact et quel esprit d'à-propos M. Armand savait calmer et régulariser les agitations de ce forum, le plus élevé de l'intelligence humaine à cette époque. Sans s'arroger l'autorité de président, sans accorder la parole aux orateurs et discoureurs qui l'entouraient, sans prendre lui-même la parole, M. Armand était l'âme et l'inspirateur de toutes ces discussions improvisées. Souvent d'un signe de tête approbatif ou négatif, d'un simple geste de la main, il stimulait ou changeait le courant de la discussion, sans jamais interrompre ni passionner les orateurs.

Pendant ces débats et au milieu d'un brouhaha incessant qui régnait dans la salle, les rédacteurs chargés des diverses branches du service du journal arrivaient et déposaient devant M. Armand leurs articles, correspondances, extraits de journaux, notes, etc. D'un coup d'œil, il jugeait la destination qu'il avait à donner à cette immense quantité d'écrits et d'imprimés. Les uns, jetés immédiatement dans le panier, disparaissaient pour toujours ; d'autres, mis sous un gros presse-papier, à sa main droite, étaient réservés pour son examen particulier et étaient souvent emportés par lui, Ceux, enfin, qu'il posait à sa gauche ou devant lui, étaient les heureux, les élus envoyés directement à l'impression, et, dès le lendemain, ils pouvaient espérer de voir le jour.

Le tiroir du bureau était une vraie boîte à l'esprit, où se trouvaient peut-être les engins les plus formidables de la guerre intellectuelle. C'étaient les articles spéciaux, de longue haleine, les feuilletons, les articles variétés, les travaux scientifiques, philosophiques, littéraires.

Les articles politiques qui n'avaient pas d'actualité y attendaient les moments opportuns, pour être livrés avec plus d'éclat à la publicité. Là attendent encore peut-être des articles de M. de Châteaubriand, de M. Guizot, dont la révolution de Juillet a arrêté l'impression. Ces deux illustres écrivains étaient aussi les journalistes les plus parfaits qu'ait possédés la réaction des *Débats*. Ils étaient doués d'une faculté, la plus rare peut-être, celle de pouvoir saisir spontanément les points culminants d'une question à l'ordre du jour, et l'apprécier avec clarté et précision dans un article succint du journal quotidien. M. de Salvandy était, au contraire, un de ceux qui ne pouvaient écrire du premier jet. Il défaisait et refaisait son travail à plusieurs reprises, tant sa vive imagination obscurcissait, chez lui, le sens pratique des affaires. Au contraire, le plus ancien des rédacteurs littéraires, M. Jules Janin, qui, depuis quarante ans, charme de ses écrits les lecteurs des *Débats,* n'écrit jamais mieux que lorsqu'il est dérangé, distrait, importuné par ses amis et ses solliciteurs. Le calme, le silence, une application contenue sont contraires à cette nature exceptionnelle. Son esprit facile ne se trouve à l'aise, pour ses improvisations, qu'au milieu du mouvement, de la gaieté et des conversations animées et variées.

Ces conférences, toujours spontanées, jamais préparées, ne finissaient guère que faute de combattants, car tous les acteurs et spectateurs arrivaient et s'en allaient sans saluer personne et sans prendre congé. Parfois, M. Armand se levait, prenait à part un des rédacteurs présents, et d'un mot lui donnait le thème d'un article. Si le sujet ne nécessitait pas de grands développements, le rédacteur le rédigeait immédiatement. Mais dans les occasions importantes, lorsqu'il fallait apprécier les actes du gouvernement, la tactique de l'opposition, caractériser une situation difficile et compliquée, le rédacteur choisi pour en être l'interprète se retirait chez lui, et accomplissait son travail à tête reposée, sous l'impression des opinions émises dans cet aéropage polititique. Aussi le journal était un être collectif, faisant un tout homogène. Ses articles politiques qui, à cette époque, ne portaient jamais de signature, avaient un grand retentissement et une incontestable autorité, car ils étaient l'expression d'une réunion d'hommes politiques s'occupant, avec suite et intelligence, des affaires publiques.

L'histoire a enregistré plusieurs cas, où le *Journal des Débats* a exercé une influence décisive sur les destinées du pays. Lors des ordonnances de Juillet, le fameux article, qui finissait par ces paroles prophétiques : *Malheureux roi, malheureuse France !* était certes un cri de conscience et de douleur de ce groupe d'écrivains réunis journellement dans les bureaux du journal. On s'en souvient, pendant la coalition, lorsque M. Guizot se sépara du *Journal des Débats,* qui resta fidèle à MM. Molé et Montalivet, un article demeuré célèbre contenait cette vive apostrophe : *Vous aurez notre appui, mais jamais notre estime.* De la part d'un rédacteur isolé, c'eût été une grossière invective ; venant du journal, être collectif, ce n'étai qu'un cri de douleur des amis délaissés, froissés

dans leurs affections, et qui souhaitaient pourtant une conciliation, sur le terrain des intérêts du pays avec le plus respecté et le plus aimé des anciens confrères. Aussi la brouille ne dura pas longtemps. M. Guizot fut depuis, et est resté jusqu'à présent l'homme d'Etat, l'écrivain pour lequel la jeune, comme la veille génération des *Débats*, professent la plus grande estime et la plus profonde vénération.

A cette grande époque de liberté et de puissance de la presse, les journalistes ne sortaient pas, comme Minerve, du cerveau de Jupiter, tous remplis de science, d'expérience et de talent. A l'exception de quelques esprits hors ligne, ils étaient tous astreints à de longs apprentissages avant d'être chargés de la rédaction et des appréciations politiques sur les événements du jour. M. Armand que vous voyez, disait le vieux capitaine de Saint-Ange à son jeune confrère, avant d'occuper ce fauteuil, qu'il possède par droit d'hérédité et de propriété, fut obligé aussi à un long noviciat. Envoyé d'abord par son père à Londres, après la révolution de Juillet, il étudia sous le prince de Talleyrand, alors ambassadeur de France près du cabinet de Saint-James, la politique et les grandes questions européennes. Il y fit connaissance avec les hommes d'Etat, les grands orateurs et les écrivains les plus éminents du pays. Mais ce n'était pas le but principal de son voyage ; sa véritable mission fut d'apprendre le mécanisme et les moyens pratiques de publicité des journaux anglais. Il fut admis dans l'intérieur du *Times* et des autres journaux quotidiens de Londres ; il y travailla assidûment en étudiant avec soin les innovations et les progrès obtenus par la presse anglaise. Lorsqu'il revint en France, il joignait à un esprit cultivé, et doué d'une grande perspicacité dans les affaires, un calme et une promptitude de jugement si nécessaires à la bonne direction d'un journal quotidien. Néanmoins, son père, déjà âgé et pressé de se reposer, ne le mit pas immédiatement en possession de ce vieux fauteuil, symbole d'autorité et de puissance, et qui, plus heureux que le trône des Tuileries, a traversé, sans être atteint, les orages populaires. Longtemps encore M. Armand resta assis devant le bureau de son père, sur une petite chaise de paille, afin d'étudier les procédés d'impulsion et de direction que son père pratiquait au journal. Enfin, lorsque ce père expérimenté et prévoyant jugea son fils en état de prendre sa place, il quitta son vieux fauteuil et se mit lui-même sur la chaise de paille, pour voir et examiner comment son héritier exercerait les fonctions et l'autorité qu'il lui transmettait. Exemple digne d'être médité par les dépositaires héréditaires des pouvoirs publics.

Par la marche qu'il sut imprimer à la rédaction, par l'attention continuelle qu'il donna aux plus petits débats, M. Armand fit, de son journal, une sorte de tribunal politique, dont les arrêts sur les hommes comme sur les affaires étaient respectés même par les adversaires. Son autorité en France, et peut-être plus encore en Europe, était si grande, que les simples annonces donnaient de l'importance, même de la célébrité aux hommes de lettres, aux artistes, auxquels il accordait une honorable publicité. M. Armand appliquait sa plus vive sollicitude à se procurer les meilleurs et les plus sûrs renseignements. Une fausse nouvelle, la moindre inexactitude dans les faits ou dans les chiffres, un nom propre défiguré, étaient pour lui une cause de désappointement, presque de vrai chagrin. Aussi y veillait-il avec la plus scrupuleuse attention. Jamais il ne rédigeait lui-même aucun article, grand ou petit; mais, lorsque le journal était déjà imprimé, avant de le livrer au public, il arrivait à son bureau, la plupart du temps, vers une heure du matin, pour revoir, corriger, modifier, réserver ou supprimer tout ce qui pouvait donner lieu au moindre doute ou à une fausse interprétation. Ce travail, qui se prolongeait souvent jusqu'à deux à trois heures après minuit, recommençait à des heures parfois très matinales. Dans son lit, dès huit heures du matin, il lisait déjà une multitude de journaux français et étrangers, une masse de lettres de toutes les parties du monde, dont il faisait lui-même le dépouillement. Pendant ce travail, et sans le discontinuer, il recevait ses amis intimes et ses principaux rédacteurs, qui arrivaient successivement pour lui communiquer leurs opinions sur les actes du gouvernement, l'attitude de l'opposition, et l'état des esprits en France et à l'étranger. Jamais souverain, à son petit lever, ne donnait audience à autant de personnages de haute volée et de grande illustration. Les ministres venaient l'entretenir et le consulter sur les affaires publiques. Les pairs de France, les députés, les savants de toutes les académies, les artistes les plus célèbres, les auteurs, les poètes, se présentaient, avec leurs livres à la main, pour solliciter des appréciations et un examen critique de leurs œuvres, que les esprits supérieurs préfèrent toujours à de banales éloges.

Voilà comment M. Armand devint un des hommes les plus importants de France et plus puissant à coup sûr que certains despotes qui ont à leur solde de grandes armées et de nombreux courtisans, mais qui ne sont maîtres ni de la pensée ni du cœur de leurs sujets. Les despotes peuvent créer des hauts dignitaires, des fonctionnaires de tout rang, les enrichir et les combler d'honneurs et de décorations; le simple journaliste pouvait davantage. En signalant à propos à l'opinion publique les hommes de mérite et de talent, il leur donnait la célébrité et pouvait assurer leur avenir dans le pays et leur renommée parmi les peuples les plus civilisés de l'Europe. On voyait les rédacteurs et les collaborateurs du *Journal des Débats* devenir pairs de France, membres de la Chambre des Députés, préfets, ambassadeurs, ministres même. M. Armand seul n'a jamais été ni ambassadeur, ni ministre, ni pair de France, ni député; il n'a jamais accepté aucun titre, aucune décoration française ou étrangère, ni la moindre distinction honorifique. Défenseur courageux et constant de la dynastie de Juillet, il n'avait jamais paru aux Tuileries, où certes il aurait été reçu, sinon avec autant de pompe et d'honneur que les monarques voyageurs, certes avec plus d'empressement, de cordialité et peut-être d'estime.

Les jours de tristesse et de décadence sont venus bien vite pour cette royauté éphémère et toute morale, qui s'était élevée par elle-même à une si grande hauteur de puissance et d'influence. L'esprit de spéculation, se joignant à l'esprit politique, fit dévier les journaux de leur mission primitive. La presse n'était plus une tribune indépendante et un intègre apostolat. Elle enrichit les novateurs et les hardis entrepreneurs de journaux, qui se répandirent avec rapidité et descendirent aux plus infimes couches de la société, mais ce ne fut pas toujours au profit de l'instruction et de la moralité des populations. Dès lors, ce que l'on appelait naguère un sacerdoce avait à peu près disparu.

M. Armand, qui ne fit jamais d'opposition systématique à aucune innovation ni à aucun progrès, cherchait du moins à les régulariser et à éviter qu'ils pussent servir aux mauvaises passions ou aux vils intérêts. Il établit, dans son journal, une ligne de démarcation entre les affaires politiques et les affaires commerciales et industrielles. Mais le public, n'entrant point dans ces arrangements de boutique, confondait souvent les unes avec les autres, et rendait responsable le journal de toutes les extravagances et du charlatanisme auxquels le faux commerce et l'industrie de mauvais aloi ont si souvent recours. Il avait beau veiller avec attention à ce que, parmi les plus simples annonces, il ne se glissât rien qui pût nuire à l'autorité du journal, il ne pouvait empêcher que, l'argent à la main, on ne vînt lui demander ses offices, et qu'il ne s'établît, comme dans l'ancienne Rome, à côté d'un forum public, des marchés d'immondes animaux. Il fit tous ses efforts pour résister à l'entraînement, et pour bannir du journal proprement dit les influences mercantiles et industrielles.

La république de 1848 surprit le *Journal des Débats*, mais n'abattit point le courage de ses rédacteurs ; surtout elle n'affaiblit pas leur patriotisme. Le flot populaire qui renversa les écussons du Roi, détruisit les emblèmes aristocratiques, et fit disparaître les livrées prétentieuses des bourgeois parvenus, respecta le modeste établissement du *Journal des Débats*. Dès le jour qui suivit la chute de la dynastie de Juillet, sans renier son passé, sans faire amende honorable, sans crainte ni faiblesse, le journal fit son adhésion au nouvel état de choses. Ce fut le plus jeune des rédacteurs, M. John Lemoinne, que M. Armand chargea de rédiger la nouvelle profession de foi des *Débats*. Il le fit en quelques mots très simples : *Nous sommes pour le maintien de l'ordre et des libertés publiques. Nous ne cherchons pas, Dieu le sait, ce qui peut diviser, mais ce qui peut réunir.*

La Constituante, sans mauvaise intention et sans prévoir la conséquence de son acte, porta bientôt une grave atteinte à la dignité et à l'influence des journaux. L'amendement Tingui qui, en imposant la signature de chaque article par son auteur, opéra une véritable révolution dans la presse. M. Armand ne se trompa point sur la portée de cette disposition législative; il y vit la déchéance de la grande presse et la destruction de son prestige comme être collectif. Il aimait ses collaborateurs; il était fier de certaine auréole, qui entourait les principaux d'entre eux, et n'était jaloux ni de leur gloire, ni de l'influence personnelle qu'ils acquéraient dans le pays, mais sa plus grande ambition était de faire prévaloir dans les questions d'intérêt général l'opinion de cette noble pléiade réunie autour de lui et discutant librement sous son inspiration. La loi votée avait pour résultat de mettre en rapport direct avec le public les jeunes écrivains, souvent inexpérimentés, de chatouiller leur amour-propre et de les exciter à faire parade de leur esprit devant le public; elle écartait, du même coup, les hommes d'expérience dont le nom était fait et qui étaient peu disposés à le compromettre dans la mêlée; elle détruisait l'unité enfin du journal, et brisait l'entente fraternelle de tous dans une œuvre commune. On ne saurait oublier que les journaux politiques d'autrefois furent des foyers et des vrais centres d'intelligence. Ils purent, par leur persévérance et leur constante fidélité aux principes de liberté et de moralité, opposer, dans les circonstances difficiles, une résistance énergique sux abus et aux empiétements des pouvoirs publics.

Sans avoir aucune influence directe sur le gouvernement républicain, suspecté et surveillé par les instigateurs du mouvement révolutionnaire, M. Armand fut néanmoins toujours respecté des partis. Les hommes les plus éminents de cette époque, où s'essayaient toutes les forces vives du pays et s'agitaient toutes les smbitions, venaient souvent le consulter, autant pour les affaires publiques que pour leurs convenances personnelles.

A cette époque, M. Ducos, plusieurs fois rapporteur du budget, très compétent dans les questions financières, fut considéré par ses collègues du Corps législatif comme un de ceux qui pouvaient supporter le poids des affaires publiques. De tout temps, ce député, travailleur infatigable, avait des relations avec le *Journal des Débats*, dont le capitaine Victor était un intermédiaire obligé. Un jour ce dernier, se trouvant chez M. Ducos, fut surpris par l'arrivée d'un personnage très connu comme étant ami et confident du Prince Président. Il venait solliciter de M. Ducos une entrevue immédiate. Cette entrevue fut courte. Après le départ de ce messager du chef du pouvoir exécutif, M. Ducos, tout ému, annonça au capitaine Victor que le Prince Président envoyait lui offrir un portefeuille dans le nouveau cabinet formé alors sous les auspices de MM. Thorigny, Fortoul, Bineau, Baroche, etc. M. Ducos paraissait indécis; il demanda au journaliste ce qu'il en pensait. Ce dernier, embarrassé de cette marque de confiance, répondit qu'il ne connaissait aucun membre du nouveau cabinet; cependant il ajouta que, à son avis, personne mieux que le directeur du *Journal des Débats* ne pourrait lui donner, dans cette occurrence, de bons et loyaux conseils. « Mais je ne le connais point, s'écria M. Ducos. Nous avons été toujours dans les camps opposés, lui conservateur, moi membre de l'opposition. » Le capitaine Victor le rassura sur les sentiments élevés et indépendants de M. Armand, auprès duquel il s'offrit de le conduire.

M. Armand, non moins étonné de cette proposition, l'accueillit cependant avec empressement, et, dès le lendemain, le futur ministre et lui eurent ensemble une longue conversation. M. Armand était d'avis qu'un député de l'autorité et de l'expérience de M. Ducos pouvait choisir un moment plus opportun pour entrer au pouvoir, et avoir pour collègues des hommes d'État plus en harmonie avec ses opinions et ses antécédents. M. Ducos suivit ce sage conseil. Toutefois, après le le coup d'État, se trouvant, sans doute, suffisamment éclairé par lui-même, il ne crut plus avoir de conseils à demander, et prit la résolution d'accepter le ministère de la marine, qu'il garda jusqu'à sa mort.

Un autre membre considérable de l'ancienne opposition de gauche libérale sous Louis-Philippe, que Victor allait voir souvent, surtout pendant les élections présidentielles, était M. Abbatucci, conseiller et confident intime du Prince Président et de sa famille.

Le jour du 2 décembre, après la dispersion violente du Corps législatif, Victor se rendit auprès de M. Abbatucci, qui demeurait alors dans le voisinage de l'Élysée, résidence du Président de la République. Il le trouva dans sa bibliothèque, en robe de chambre, s'amusant avec l'une de ses petites filles, qui bouleversait ses papiers et ses livres. Voyant le calme et l'insouciance de cet ami dévoué du prince, il crut qu'il ignorait les grands événements de la journée. Alors, en lui montrant la liste des membres de la consulte distribuée dans les rues, et sur laquelle figurait le nom de M. Abbatucci, le journaliste lui demanda s'il fallait le maintenir ou l'effacer dans le numéro du *Journal des Débats* qui devait paraître le lendemain. « *Non, attendons*, dit alors M. Abbatucci. J'arrive de l'Élysée, le prince, en m'apercevant, ajouta-t-il, s'est avancé vers moi le sourire sur les lèvres, et m'a dit : « Vous voyez que j'avais raison. » — Oui, monseigneur, lui répondis-je en italien. *Si avete ragione ma avete mal fatto.* » Là-dessus, l'ancien député libéral pria le capitaine Victor de revenir plus tard, car il était indécis s'il devait ou non faire partie de la consulte nommée par le Président de la République, dans l'omnipotence qu'il venait de s'attribuer.

Cette réponse de M. Abbatucci, que Victor grava aussi fidèlement que possible dans sa mémoire, n'était cependant qu'un cri de conscience du vieux magistrat, connu généralement pour son intégrité et son amour de la justice et de la légalité. On voyait qu'il avait fait d'honorables efforts pour dissuader le prince de porter atteinte aux institutions du pays. Mais la politique a ses exigences, le cœur ses mystères impénétrables, et la raison humaine des défaillances ou une surprenante prescience d'événements. Le capitaine Victor ne fut nullement étonné de ces variations politiques, qui ont été suivies de bien d'autres et de plus considérables, M. Abbattucci devint, comme M. Ducos, un des ministres du nouveau régime; il est mort aussi à son poste. Du reste, tous les deux ont montré un esprit de conciliation et de modération très méritoire dans les pouvoirs étendus qui leur furent confiés.

Victor n'avait pas recueilli grandes lumières sur la situation dans son entretien avec M. Abbattucci. Il ne voulait pourtant pas revenir au journal aussi pauvrement nanti d'informations et sans se trouver en mesure de donner ses appréciations sur des événements aussi graves que ceux qui venaient de se passer. Il s'avança, pour la seconde fois, vers le palais Bourbon, dont il connaissait les grandes et les petites entrées aussi bien que les détours. Toutes les issues en étaient encore gardées; il put cependant y pénétrer : tout le personnel le connaissait; on le laissa passer. Il alla droit à la bibliothèque et à la salle des conférences, mais il n'y vit plus que des soldats. Le président, M. Dupin, était gardé à vue, les questeurs arrêtés, les employés consternés, les serviteurs effrayés; le palais ressemblait à une caserne avec ses corps-de-garde intérieurs et extérieurs; les cantinières même n'y manquaient pas. Il ne fit que le traverser et se rendit à l'hôtel des Invalides. C'est là que demeuraient alors l'ex-roi de Westphalie et son fils, le prince Napoléon, l'oncle et le cousin du Prince Président. Le capitaine Victor y allait souvent, moins souvent cependant que lorsque ces deux princes habitaient, dans son voisinage, la petite rue d'Alger. A cette époque, le prince Napoléon, quoique bien jeune encore, était déjà, aux yeux du journaliste, un très habile tacticien électoral et parlementaire. Les qualités de tribuns populaires et de chefs de parti semblent innées chez les membres de cette famille.

Le journaliste avait fait la connaissance du prince Napoléon lorsque celui-ci vint à Paris, avant la révolution de 1848, avec son père, pour demander au gouvernement de Louis-Philippe de mettre fin à l'ostracisme dont la famille Bonaparte était frappée. Il avait été accueilli avec sympathie par les deux princes. Il les retrouva, après 1848, sur ce même sol où ils devaient bientôt reprendre le rôle et les dignités perdus. Le prince, à cette époque, était l'âme d'un comité électoral qui avait pour but de faire envoyer le plus grand nombre possible de Bonaparte et de leurs amis à la Constituante. Le journaliste Victor ne leur fut pas inutile dans ces circonstances, et souvent il était appelé, la nuit aussi bien que le jour, aux séances du comité. Du reste, le *Journal des Débats* s'était prononcé un des premiers en faveur de ces candidatures, et particulièrement de celle du prince Louis. Doué d'une rare perspicacité pour pénétrer les sentiments populaires et les prévoir, le prince Napoléon agit dès l'ouverture de la Constituante comme s'il eût pratiqué depuis longtemps la stratégie parlementaire. Le gouvernement provisoire, inquiet de la candidature du prince Louis et des manifestations qui avaient lieu à Paris et sur plusieurs points de la France, médita des mesures exceptionnelles à son égard; mais, avant tout, il fallait donner satisfaction aux passions populaires, si surexcitées par les journées de Février. Il proposa tout d'abord un décret à la Constituante ayant pour objet d'interdire le territoire français aux princes de la famille d'Orléans.

Le prince Napoléon vit le danger d'un tel précédent, et, dans un discours vif et inspiré des sentiments les plus justes, qu'il prononça dans son bureau le 20 mai, en présence de Louis Blanc, il réclama la loi commune pour tous, considérant les lois d'exil comme une précaution inutile, ne pouvant, disait-il, *qu'exciter à la conspiration et l'excuser même*. Il manifesta le désir que cette opinion fût reproduite dans le *Journal des Débats,* ancien organe de la dynastie d'Orléans, et chargea Victor de ce soin. Cette manœuvre parlementaire eut plein succès et produisit d'excellents résultats. Elle prévint en faveur du prince Louis tout le parti conservateur, très nombreux à l'Assemblée, et qui n'était pas fâché de faire sentir sa force. En effet, quelques jours après, le prince Napoléon, ayant eu avis des intentions secrètes du Gouvernement provisoire à l'égard du prince Louis, alla droit au fantôme; il adressa au Gouvernement provisoire des interpellations énergiques, en mettant sous la protection de l'Assemblée les droits légitimes de son cousin, élu dans plusieurs colléges, membre de la Constituante. Surpris, embarrassé, le gouvernement répondit par la bouche d'un de ses membres, plus profond sectaire qu'habile orateur parlementaire, M. Flocon, qui se confondait en vagues déclarations. On n'osait plus contester l'admission du prince à l'Assemblée, qui l'avait pris sous sa sauvegarde.

En arrivant aux Invalides, le capitaine Victor trouva le prince Napoléon très ému, se promenant en long et en large dans son appartement. Il arrivait de Londres, où il avait passé vingt-et-un jours, éloigné, au moment décisif, par son cousin le prince président. « J'ignore, dit-il, ce qui se passe ; mon père y est aussi complétement étranger que moi. Nous aurions voulu qu'une Constituante, convoquée par le président de la République, changeât la forme du gouvernement. C'est le seul conseil que nous crûmes devoir lui donner. — M'autorisez-vous, dit Victor, à faire connaître cette opinion émanée de vous et du roi ? — *Oui, certes, nous ne dissimulons jamais nos actes ni nos paroles.* » Cette autorisation, néanmoins, resta lettre morte. Le capitaine Victor se rendit à son journal, mais le journal était déjà muet; Victor le devint aussi lui-même, et bien lui en prit. L'ordre venait d'arriver au journal qui défendait de rien publier qui ne fût permis par le ministre de l'intérieur.

Le Corps-Législatif n'existant plus, le journal n'ayant pas son libre arbitre, Victor cessa ses occupations qui ne pouvaient plus avoir d'utilité publique. L'Empire proclamé par la volonté nationale, la presse perdit sa liberté et son indépendance. Mis en suspicion, les journaux furent tenus en tutelle par le Gouvernement, qui, selon son bon plaisir, leur octroyait le droit de vivre ou les condamnait à mort. M. Armand, comme les rois injustement déchus de leur puissance, conserva toute la dignité de son caractère, et s'enveloppa dans une noble résignation. Il resta à son poste, et continua avec la même régularité ses fonctions de directeur du journal; mais, tous les jours, il se faisait un vide dans cette salle autrefois si animée, autour de ce vieux bureau, témoin de discussions émouvantes, où tant de penseurs, d'orateurs, d'écrivains, faisaient jaillir naguère des flots de lumière, d'idées, recueillis et répandus, par la voie du journal, dans le monde entier. Assis sur son fauteuil héréditaire, d'où son père et son oncle dictaient, sur les hommes et sur les affaires, leurs jugements que l'opinion publique confirmait presque toujours, M. Armand gardait un morne silence, se bornant machinalement à revoir, corriger, modifier les pâles articles qui passaient et repassaient sous ses yeux comme des ombres. Dans sa loyale et consciencieuse soumission aux lois du pays, il voulait épargner au moins, à son journal et à ses collaborateurs, l'humiliation des avertissements, et il s'appliquait religieusement à éteindre toutes les couleurs qui auraient pu offusquer la vue des obscurs agents d'une administration ombrageuse.

Victor ne paraissait plus que rarement au *Journal des Débats,* et seulement comme simple spectateur. Un jour, il se retrouva avec son vieil ami de Saint-Ange, au fond de la salle de rédaction, tous les deux tristes et silencieux. Tout d'un coup, ils virent la porte s'ouvrir. Un personnage en habit noir et de tenue sévère entra. Il ressemblait à un commissaire des pompes funèbres, ou au moins à un huissier dans l'exercice de ses fonctions. Il s'avança d'un air solennel, saluant à droite et à gauche, et s'approcha gravement du bureau derrière lequel se tenait assis M. Armand. Il réitéra alors plus poliment encore son salut, et, se penchant vers lui d'un air patelin et à demi-voix, lui dit qu'il venait de la part du ministère de l'intérieur. M. Armand garda une imperturbable immobilité et ne leva même pas les yeux sur ce messager ministériel, qui, sans s'en préoccuper autrement, lui dit : « Je suis chargé, à mon grand regret, de vous signaler quelques infractions à la loi sur la presse dans les derniers articles d'un de vos rédacteurs. » C'était justement celui qui possédait toute la confiance de M. Armand, et dont le talent et le caractère inspiraient le plus de confiance et de sympathie aux lecteurs. En outre, ce messager officiel désigna certains faits insignifiants publiés dans les autres journaux, en recommandant à M. Armand, au nom du ministre, de ne point les reproduire. Il termina sa mission en engageant M. Armand, dans l'intérêt du journal, à ne point parler de telles ou telles questions, afin de ne pas encourir des avertissements que le ministre serait obligé de lui adresser. Les avertissements, c'étaient souvent les signes précurseurs de la mort. M. Armand, sans faire aucun signe d'impatience ni de mécontentement, sans bouger de sa place, sans regarder son interlocuteur, répondit d'un ton bref: « *C'est bien.* » Le personnage se retira, et, lorsqu'il eut gagné la porte, l'indignation éclata chez tous les assistants et se manifesta en propos assez vifs contre le Gouvernement. Il eût été impossible d'empêcher cette explosion, car tous les collaborateurs du journal, à quelque titre qu'ils le fussent, étaient habitués à ne recevoir des ordres, sur leurs travaux et leur conduite politiques, que de leur propre raison et de leur conscience éclairée par

par de franches et loyales discussions. M. Armand continua à garder le silence et resta impassible, mais son front, devenu soucieux, trahissait de tristes préoccupations. On ne le revit plus, comme autrefois, annoncer sa présence par de gros rires, de gais propos et de fines et spirituelles saillies sur les hommes et les choses du jour. Il arrivait et il quittait le journal seul, sans vouloir se faire accompagner par ses joyeux amis, avec lesquels il aimait tant à s'entretenir dans son bureau, dans la rue, partout; car le devoir d'un journaliste est de s'intéresser à tous les incidents, à tous les événements, à tout ce qui se voit, tout ce qui se dit, ou tout ce qui se passe dans le monde visible et invisible.

Les amis de M. Armand voyaient avec chagrin sa santé s'affaiblir journellement et sa tristesse augmenter. De fâcheux pressentiments leur causaient de profondes angoisses. Deux jours de suite, M. Armand ne parut pas au journal. On s'inquiète, on s'interroge et on apprend enfin que le dernier des publicistes, le plus puissant des journalistes, n'existait plus.

Le capitaine Victor aimait d'une tendresse presque filiale ce noble défenseur de la presse, de la liberté, de l'indépendance des nations opprimées, ce protecteur généreux de toutes les victimes du despotisme et des révolutions. On ne le revit plus au *Journal des Débats :* plusieurs de ses anciens confrères furent persécutés, dispersés ; quelques-uns même se rallièrent au Gouvernement. Lui-même, il fut pendant plus de quinze jours détenu au secret à la prison de Mazas : secret si bien gardé que jamais il ne put savoir pour quel crime réel ou supposé il fut traité avec tant de rigueur. Il se rappelait seulement qu'un des hauts fonctionnaires, ci-devant journaliste, aujourd'hui orateur éloquent du Corps-Législatif, M. Latour-du-Moulin, l'avait fait venir dans son cabinet, au ministère de la police, pour le gourmander sur quelques lettres qu'il avait adressées au *Journal des Débats,* de Nancy, pendant que le Prince-Président, après le 2 décembre, faisait sa tournée en Lorraine et en Alsace. Il paraît que l'auteur, sans mauvaise intention, avait fait une maladroite allusion aux princes auxquels l'entrée de la France était interdite, en parlant du roi Stanislas qui, chassé de Pologne par les Moscovites, préféra l'exil à l'asservissement de sa patrie.

Le capitaine Victor, tout entier aux souvenirs historiques de son pays, ne pensait en effet, pendant son séjour dans l'ancienne capitale du roi

Stanislas, qu'à cette grande époque de la politique de la France, si généreuse et si persévérante protectrice de la Pologne (1).

Depuis, on ignore ce qu'est devenu le soldat-journaliste. On prétend que, dans son désir de combattre la Russie, il offrit ses services à l'armée françaises envoyée en Orient, et qu'il fit la campagne de Crimée, investi de la confiance du maréchal de Saint-Arnaud, dont il avait été le camarade dans la légion étrangère en Algérie. Un jour, on le vit reparaître et suivre en deuil un cercueil. C'était celui de son ancien ami et frère d'armes, le comte Walewski. On raconte qu'après les discours prononcés sur la tombe de cet ancien publiciste, devenu un des hommes d'Etat du second Empire, le capitaine Victor tira de sa poitrine un petit cachet contenant de la terre natale prise sur le champ de bataille de Grochow, où pour la première fois les deux amis s'étaient rencontrés; il en

---

(1) Voici l'extrait d'un mémoire adressé à Louis XIV par Colbert, à la date du 22 juillet 1866 :

« Je déclare à Votre Majesté, en mon particulier, qu'un repas
» inutile de mille écus me fait une peine incroyable, et, lorsqu'il
» est question de millions d'or pour la Pologne, je vendrais tout
» mon bien, j'engagerais ma femme et mes enfants, et j'irais à
» pied toute ma vie pour y fournir, s'il était nécessaire. Votre
» Majesté excusera, s'il lui plaît, ce petit transport ' »

jeta la moitié sur les restes inanimés de son compatriote, au moment où ils allaient être portés dans le caveau de famille.

Que fait-il maintenant? On l'ignore; mais on peut voir par tous les temps un homme âgé, tête chauve, moustaches grises, tenue militaire, se promener toujours solitaire et silencieux sur les boulevards de Paris. Si quelqu'un de ses anciens confrères dans la presse l'aborde et veut lui parler journaux, il s'enfuit en disant : *Le Journalisme est mort!*

Joseph TAŃSKI.

www.ingramcontent.com/pod-product-compliance
Lightning Source LLC
LaVergne TN
LVHW021740080426
835510LV00010B/1300